I0813872

Crías de jirafas

Julie Murray

Abdo Kids Junior es una
subdivisión de Abdo Kids
abdobooks.com

Abdo
CRÍAS DE ANIMALES
Kids

abdobooks.com

Published by Abdo Kids, a division of ABDO, P.O. Box 398166, Minneapolis, Minnesota 55439.

Printed in the United States of America, North Mankato, Minnesota.

052019

092019

Spanish Translator: Maria Puchol

Photo Credits: Alamy, iStock, Shutterstock

Production Contributors: Teddy Borth, Jennie Forsberg, Grace Hansen

Design Contributors: Christina Doffing, Candice Keimig, Dorothy Toth

Library of Congress Control Number: 2018968180

Publisher's Cataloging-in-Publication Data

Names: Murray, Julie, author.

Title: Crías de jirafas/ by Julie Murray.

Other title: Giraffe calves. Spanish

Description: Minneapolis, Minnesota : Abdo Kids, 2020. | Series: Crías de animales

Identifiers: ISBN 9781532187186 (lib.bdg.) | ISBN 9781644941263 (pbk.) | ISBN 9781532188169 (ebook)

Subjects: LCSH: Giraffe--Juvenile literature. | Baby animals--Juvenile literature. | Zoo animals--Infancy--Juvenile literature. | Hoofed animals--Juvenile literature. | Spanish language materials--Juvenile literature.

Classification: DDC 599.638--dc23

Contenido

Crías de jirafas

Las **hembras** de jirafa tienen normalmente una cría a la vez.

La cría mide 6 pies de alto (1.8 metros). ¡Pesa 125 libras (56.7 kilos)!

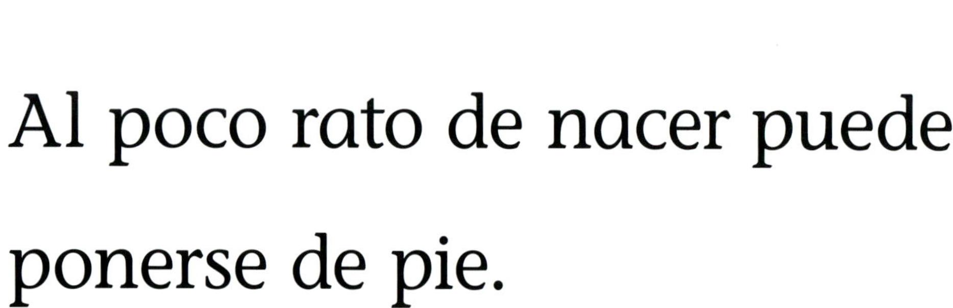
Al poco rato de nacer puede ponerse de pie.

Tiene manchas de color claro. Estas manchas se harán oscuras con el tiempo.

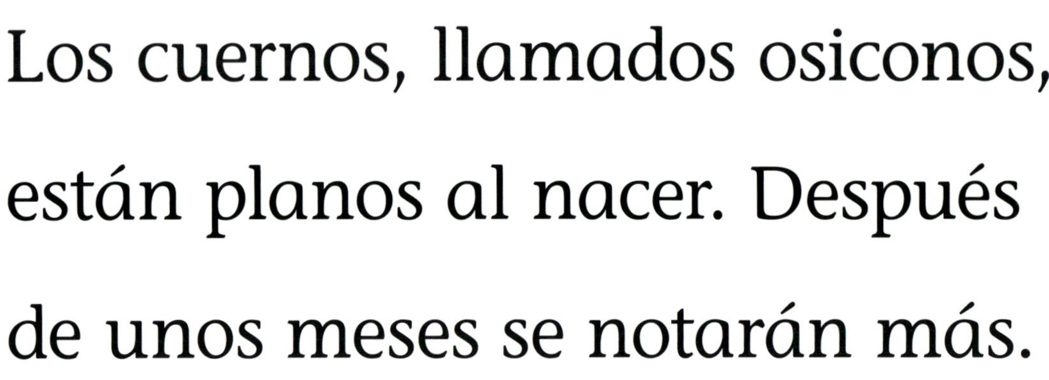

Los cuernos, llamados osiconos, están planos al nacer. Después de unos meses se notarán más.

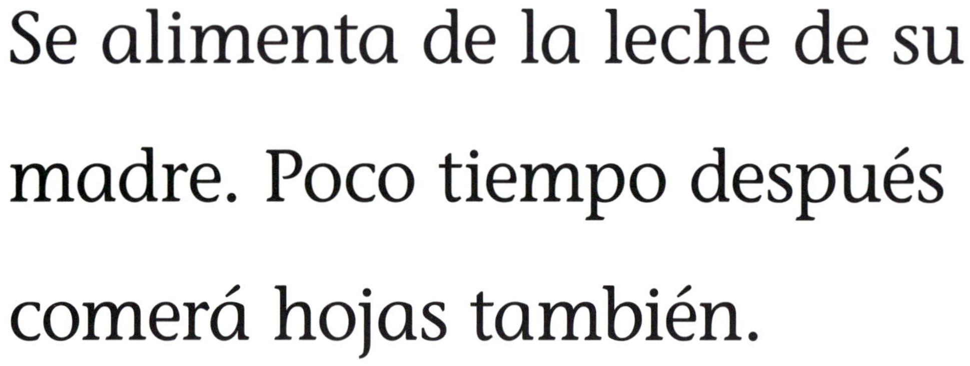

Se alimenta de la leche de su madre. Poco tiempo después comerá hojas también.

La **manada** recibe a la cría.

Se acarician con el hocico

mutuamente.

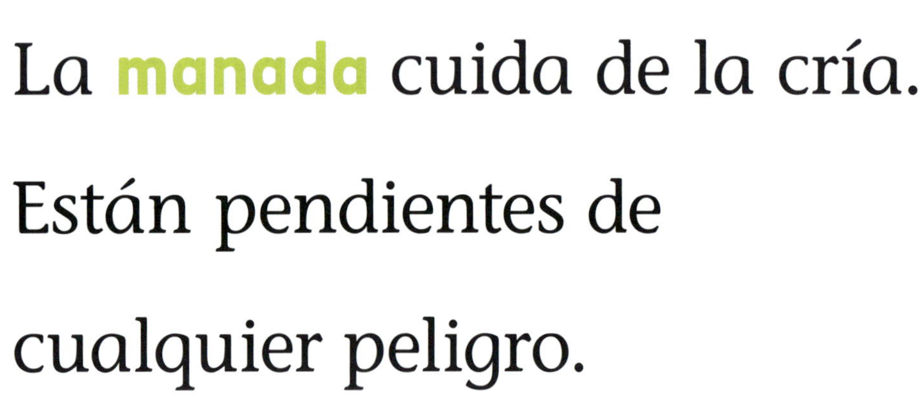

La **manada** cuida de la cría. Están pendientes de cualquier peligro.

La cría crece rápido. ¡Medirá 9 pies de alto (2.7 metros) para su primer cumpleaños!

¡Mira cómo crece una jirafa!

recién nacida

con 4 meses

con un año

con 5 años

Glosario

acariciarse con el hocico
frotar o tocar suavemente con la nariz o con la boca.

hembra
animal de sexo femenino que puede tener crías.

manada
grupo de jirafas que viven juntas y se protegen unas a otras.

Índice

¡Visita nuestra página **abdokids.com** y usa este código para tener acceso a juegos, manualidades, videos y mucho más!